Louis

¿Quién fue Louis Armstrong?

Yona Zeldis McDonough

Ilustraciones de John O'Brien

loqueleo

Para Jane O'Connor, editora extraordinaria.

Y.Z.M.

Para Tess.

J.O.B.

loqueleo

Título original: *Who Was Louis Armstrong?*

Publicado en español con la autorización de Grosset & Dunlap,
una división de Penguin Group.

2023 NW 84th Avenue
Miami, FL 33122, USA
www.santillanausa.com

Dirección editorial: Isabel C. Mendoza
Servicios de producción: Claudia Baca
Servicios editoriales de traducción por Cambridge BrickHouse, Inc.
www.cambridgebh.com

Loqueleo es un sello de **Santillana**. Estas son sus sedes:
Argentina, Bolivia, Brasil, Chile, Colombia, Costa Rica, Ecuador, El Salvador, España, Estados Unidos, Guatemala, México, Panamá, Paraguay, Perú, Portugal, Puerto Rico, República Dominicana, Uruguay y Venezuela.

¿Quién fue Louis Armstrong?
ISBN: 978-1-631-13422-7

Published in the United States of America
Printed by Thomson-Shore, Inc.

20 19 18 17 16 2 3 4 5 6 7 8 9 10

Índice

¿Quién fue Louis Armstrong?

Había una vez un niño afroamericano y pobre que se crio en Nueva Orleáns a principios del siglo XX. Se llamaba Louis Armstrong. Pero todos lo llamaban "el pequeño Louie". Para ayudar a su familia, Louie hacía todo tipo de trabajos. Recogía pedazos de bronce y hojalata para vender como chatarra. Repartía periódicos en la calle y les hacía mandados a los adultos.

Louis también había formado un grupo de cantantes con tres amigos. Cantaban en las esquinas y la gente les daba dinero.

En la víspera de Año Nuevo, cuando el pequeño Louie tenía doce años, fue a cantar con sus amigos. Después de cantar "Mi hermosura brasilera" regresaron a casa. Uno de los muchachos sacó una pistola de fogueo de juguete y disparó al aire. Quería hacer algo de ruido porque era Año Nuevo. Louie quiso hacer lo mismo. Pero él tenía un arma de verdad. La sacó y apuntó al cielo. *¡Bang! ¡Bang! ¡Bang!* Un policía oyó los disparos. Disparar un arma era

muy peligroso. Además era ilegal. El policía llevó a Louie a la comisaría y al día siguiente lo enviaron a un reformatorio. Los reformatorios eran escuelas para jóvenes que, por ser menores de edad, no podían ser enviados a una cárcel.

Años después, Louie Armstrong recordaría que sintió que el mundo se le venía abajo. Pero resultó que el reformatorio en realidad le salvó la vida. Allí aprendió a tocar la corneta.

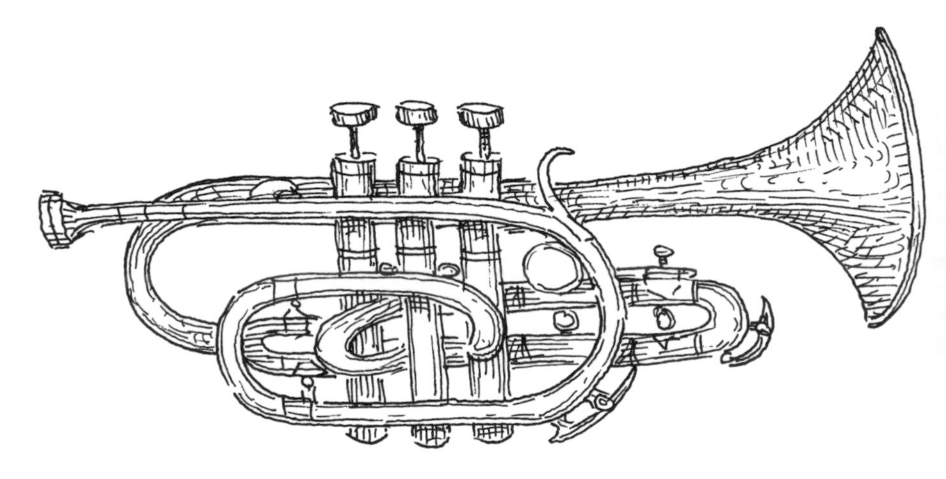

CORNETA

La tocaba tan bien que llegó a ser uno de los más grandes músicos de jazz de todos los tiempos. Compuso docenas de canciones famosas y hasta hoy su música se sigue escuchando y admirando.

Capítulo 1
Un comienzo con altibajos

Louis Armstrong nació en 1901, en Storyville, un barrio afroamericano y pobre de Nueva Orleáns. El barrio era tan peligroso que le decían “el Campo de Batalla”. Casi todos andaban armados con pistolas o cuchillos. Se cometían muchos crímenes.

STORYVILLE

Mayann Armstrong, la madre de Louis, tuvo que mantener sola a sus dos hijos. A veces, trabajaba de criada. En ocasiones, se ausentaba de su casa por varios días. Louis y su hermanita Beatrice se quedaban con su abuela. Ella se llamaba Josephine y había sido esclava. Ahora se ganaba la vida lavando y planchando ropa para gente blanca. Le daba a Louis cinco centavos por recoger y entregar lo que lavaba. Eso lo hacía sentir rico.

Josephine era muy estricta. Cuidaba que Louis fuera a la escuela, a la iglesia y al catecismo. Cuando

se portaba mal, le pegaba con una rama. Pero años después Louis le agradecería que se hubiera preocupado por él. Ella no quería que se metiera en líos y quería lo mejor para él.

A principios del siglo XX no resultaba fácil ser un niño afroamericano. Aunque la esclavitud se había terminado en 1865, muchos blancos seguían

LAS LEYES JIM CROW

LA ESCLAVITUD TERMINÓ EN 1865. TODOS LOS AFROAMERICANOS SE CONVIRTIERON EN HOMBRES Y MUJERES LIBRES. PERO ENTRE 1880 Y 1900, EN EL SUR SE APROBARON NUEVAS LEYES QUE LIMITABAN LOS DERECHOS DE LA GENTE DE COLOR. SI VIAJABAN EN TREN, DEBÍAN USAR VAGONES SEPARADOS; DEBÍAN IR A ESCUELAS DIFERENTES, USAR BAÑOS PÚBLICOS SEPARADOS Y TOMAR AGUA DE BEBEDEROS DESIGNADOS SOLO PARA ELLOS. LA GENTE DE COLOR NO PODÍA COMER EN CIERTOS RESTAURANTES, NI QUEDARSE EN CIERTOS HOTELES NI VIVIR EN CIERTOS BARRIOS. ERAN TRATADOS COMO CIUDADANOS DE SEGUNDA CLASE.

ESAS LEYES SE CONOCIERON COMO LEYES JIM CROW. SU NOMBRE SURGIÓ A PARTIR DE UN PERSONAJE DE UN PROGRAMA DE TROVADORES, REPRESENTADO GENERALMENTE POR UN BLANCO QUE HACÍA DE AFROAMERICANO. ESTAS TERRIBLES LEYES ESTUVIERON EN VIGENCIA HASTA LA DÉCADA DE 1960.

pensando que los afroamericanos no eran tan buenos como ellos. Solían tratarlos injustamente.

Un día, Louis, Beatrice y una amiga de la familia que los estaba cuidando, subieron a un tranvía. Delante había muchos asientos libres y Louis se sentó en uno de ellos.

La niñera le dijo que fuera atrás a sentarse con ellas. Pero Louis no quiso. Era más divertido viajar delante. Desde allí podía ver el camino que recorría el tranvía. Cuando estaba distraído, la niñera se levantó, lo agarró y lo arrastró hasta los asientos de atrás. Si no lo hubiera hecho, los habrían hecho bajar a los tres o les habrían pegado. Hasta los hubieran podido arrestar. Los asientos delanteros eran exclusivamente para gente blanca.

En otra ocasión, Louis y sus amigos estaban nadando en un lago cercano. Uno de ellos perdió su traje de baño y los demás empezaron a buscarlo. De repente, un hombre blanco que vivía por allí agarró la escopeta que tenía colgada en el porche de su casa. Apuntó directamente a los muchachos.

"Nos quedamos congelados del miedo", recordaría años después Louis. Por suerte, el hombre blanco no disparó. Bajó el arma y rio. Creyó que era una broma divertida para asustar a los muchachos.

El barrio donde vivía Louis era pobre y peligroso. A él le gustaba jugar con muchachos mayores que él. Le habían enseñado a jugar a los dados y a las cartas por dinero. Cuando ganaba, volvía a su casa corriendo y le daba el dinero a su madre. Aunque no vivían juntos todo el tiempo, la adoraba. Ella tenía muchos novios. Él decía que todos eran sus padrastros. Si alguien hablaba mal de su madre, Louis no lo escuchaba. Años después dijo que "ella siempre vivió con la cabeza en alto... si le faltaba algo, igual seguía adelante".

Louis tenía muchos sobrenombres. En esa época, el agua potable se almacenaba en un cubo. Y se usaba un cucharón de mango largo para sacar el agua del cubo y servirla en un vaso. A Louis le gustaba tomar directamente

del cucharón, como a casi todos los chicos. Podía echarse un cucharón de agua entero en la boca y tragársela de golpe. Por eso los otros niños lo llamaban "Dipper" (cucharón).

También le decían "Gatemouth" (boca de portón). Incluso le decían "Satchelmouth" (boca de bolso), porque decían que su boca abierta era tan enorme que parecía un bolso abierto.

A la edad de siete años empezó a vender periódicos en las esquinas. Luego trabajó para los Karnofsky. Era una familia judía que había llegado de Rusia. Tenían un carro con el que recorrían la ciudad, comprando y vendiendo alfombras, botellas, papel y todo lo que sirviera. El conductor del carro tocaba una trompeta larga de lata para avisar que andaban cerca. A veces, el conductor dejaba que Louis tocara la trompeta. Con los años, diría: "A los niños... les gustaba el sonido que yo le sacaba a la trompeta de lata".

Ya en ese entonces a Louis le interesaba la música. Y en Nueva Orleáns había mucha, especialmente jazz. En todos los bares y salones de baile había música en vivo. Y aunque él era muy joven para entrar a esos lugares, él se ponía a escuchar la música desde la calle.

JAZZ: MÚSICA DE ESTADOS UNIDOS

EL JAZZ ES UN TIPO DE MÚSICA QUE SURGIÓ EN NUEVA ORLEÁNS, LUISIANA, Y SUS ALREDEDORES. TIEMPO DESPUÉS, SIGUIÓ CRECIENDO EN CHICAGO Y EN LA CIUDAD DE NUEVA YORK. EL JAZZ ES UNA MEZCLA DE DIFERENTES ESTILOS DE MÚSICA Y TRADICIONES. CUANDO LOS AFRICANOS LLEGARON A ESTE PAÍS COMO ESCLAVOS, TRAJERON CONSIGO SU PROPIA FORMA DE HACER MÚSICA. Y ESCUCHARON OTROS ESTILOS DE MÚSICA, COMO BANDAS DE METALES, GOSPEL (QUE SE CANTABA EN LAS IGLESIAS) Y MÚSICA ESPAÑOLA. TODO ESO SE MEZCLÓ. EL RESULTADO FUE EL JAZZ.

EL JAZZ ERA UN SONIDO NUEVO Y ORIGINAL. FUE CREADO POR MÚSICOS AFROAMERICANOS Y SE TOCÓ POR PRIMERA VEZ EN LA DÉCADA DE 1890. AL PRINCIPIO SE LE LLAMÓ "JASS".

ESTAS SON ALGUNAS COSAS QUE HAY QUE SABER SOBRE EL JAZZ:

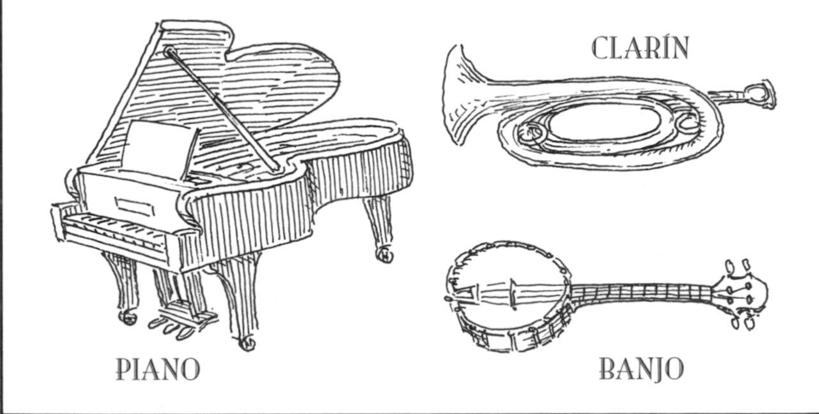

- IMPROVISACIÓN: EL JAZZ NO SE TOCABA LEYENDO NOTAS ESCRITAS. HABÍA MUCHOS MÚSICOS DE JAZZ QUE NO SABÍAN LEER MÚSICA. POR ESO, IMPROVISABAN LO QUE TOCABAN; ES DECIR QUE IBAN "INVENTANDO" LA MÚSICA MIENTRAS TOCABAN.
- EN JAZZ ES COMÚN TOCAR NOTAS QUE SON UN POCO MÁS ALTAS, COMO SI SONARAN MAL ARTICULADAS. ESAS NOTAS SE LLAMAN "NOTAS DE BLUES", Y PUEDEN SONAR TRISTES, ALEGRES O AGRESIVAS.
- EN EL JAZZ, EL RITMO O "BEAT" LO DAN DISTINTOS INSTRUMENTOS DE UNA BANDA; NO SOLO LA BATERÍA. OTROS INSTRUMENTOS DE UNA BANDA DE JAZZ SON LA CORNETA, LA TROMPETA, EL VIOLÍN, EL SAXO ALTO, EL TROMBÓN, EL CONTRABAJO, EL PIANO DE COLA, EL CLARINETE, LA GUITARRA Y EL BANJO.
- SÍNCOPA: LOS RITMOS CAMBIAN DE MANERA INESPERADA, DE UN BEAT FUERTE A UNO SUAVE, LO QUE HACE QUE LOS SONIDOS DEL JAZZ SEAN SORPRENDENTES.
- GENERALMENTE EL JAZZ NO SE CANTA SINO QUE ES INSTRUMENTAL.

TROMBÓN

A veces, las bandas tocaban un rato en la calle para atraer a la gente a los locales. Louis tenía músicos favoritos. Uno de ellos era Joe Oliver. Tocaba la corneta.

Louis se preguntaba cómo sería tocar un instrumento de viento de verdad. En la vidriera de la casa de empeños había una corneta usada. La corneta es un instrumento parecido a una trompeta. Costaba cinco dólares. Eso era mucho dinero. Mucho más del dinero que ganaba trabajando para los Karnofsky. Pero los Karnofsky eran buena gente. Le prestaron el dinero. Louis tardó semanas en devolvérselos, pero valió la pena. Aprendió a tocar las notas básicas por su cuenta, practicando todo el día.

A los diez años de edad, formó con tres amigos un grupo de cantantes callejeros. Recorrían Storyville cantando todo tipo de canciones. La gente les pedía canciones y ellos las cantaban. Cuando terminaban, recolectaban el dinero en un sombrero.

A veces también bailaban, haciendo los pasos que hoy se conocen como *breakdance*.

En la víspera de Año Nuevo, cuando tenía doce años, Louis y sus amigos salieron a cantar. Louis llevó una pistola que alguien había dejado en la casa de su mamá.

HOGAR DE DESAMPARADOS DE COLOR

Uno de sus amigos disparó un revolver de fogueo de juguete. Pero Louis disparó la pistola de verdad. No lo hizo con la intención de herir a nadie, pero lo que hizo fue muy peligroso.

Un policía que estaba de guardia esa noche oyó los disparos. Capturó a Louis, pero sus amigos escaparon corriendo. Louis lloró y le suplicó al policía que lo soltara. Pero este no lo hizo; el policía era tan estricto como su abuela Josephine. Y lo llevó a la Corte de Menores, acusado de disparar en un lugar público. El juez también era muy estricto. Envió a Louis a vivir al Hogar de Desamparados de Color.

Capítulo 2
Un hogar lejos de casa

El Hogar de Desamparados de Color estaba a solo cinco millas de la casa de Louis. No estaba lejos de Nueva Orleáns, pero a Louis le parecía como estar en el medio del campo. El terreno estaba lleno de madreselvas, y en el verano el dulce olor de las flores de madreselva perfumaba el aire. Por el resto de su vida, Louis recordó ese olor con cariño, diciendo que era su flor favorita.

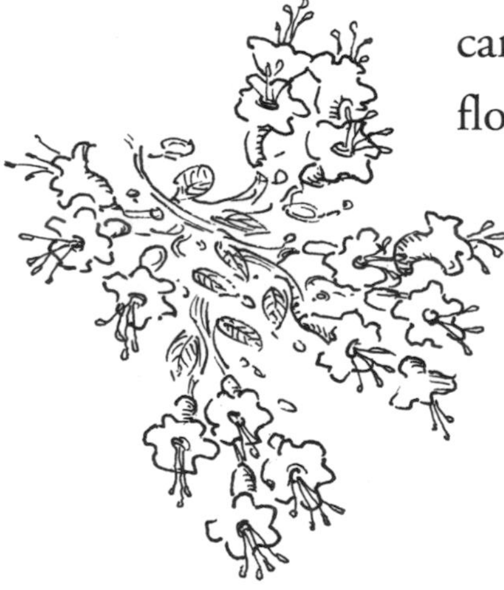

MADRESELVA

Los niños del hogar trabajaban mucho para que el lugar estuviera limpio y arreglado. Louis aprendió a lavar y planchar ropa, cepillar los pisos, hacer la cama y cocinar. También aprendió a practicar deportes. Pero lo mejor de todo, aprendió música, aunque esto no sucedió enseguida.

Al principio, Louis se enfermó. En el hogar no servían los frijoles rojos y el arroz que tanto le gustaban; solo había frijoles blancos, sin arroz. No comió por tres días. Después le dio mucha hambre, y entonces se comió tres platos de frijoles blancos y nunca más volvió a rechazar la comida.

Todos los niños y hombres que había allí eran afroamericanos. El profesor Peter Davis daba las clases de música. Al principio, Louis no le caía bien. Pensaba que era un chico malo que venía de un barrio bajo.

El profesor Davis dirigía la banda, y para formar parte de ella había que portarse bien. Por eso, durante seis meses, Louis obedeció todas las reglas del Hogar. Por fin, el profesor Davis lo invitó a tocar en la banda.

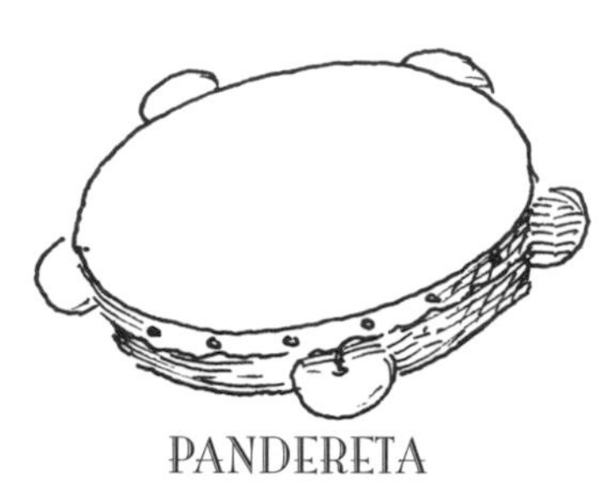

PANDERETA

Al principio le dio una pandereta. Louis la tocaba tan bien que poco después lo dejaron tocar los tambores. Más tarde, el profesor Davis le dio una trompa alto y un clarín. Louis aprendió a tocar ambas.

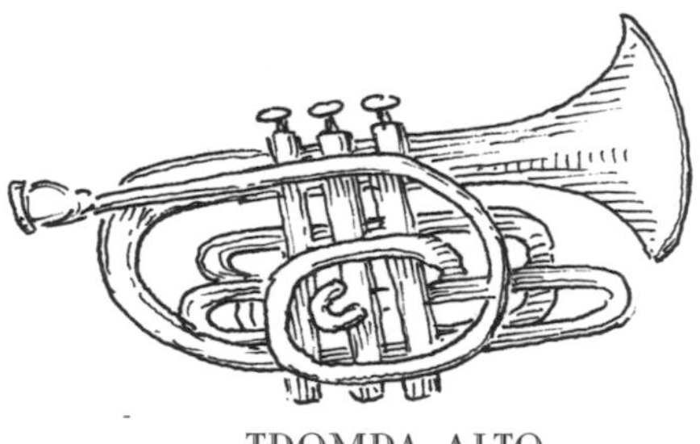

TROMPA ALTO

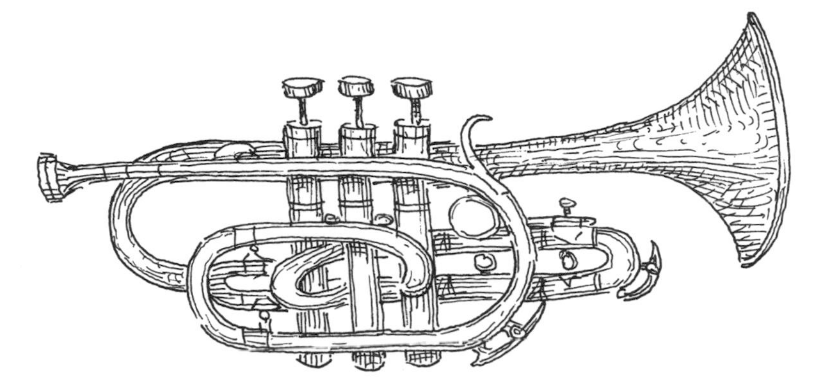

CORNETA

El profesor estaba impresionado. Se dio cuenta de su talento y empezó a animarlo.

Finalmente le dio una corneta. Louis estaba feliz. Podía recordar frases musicales y era muy bueno para sacar canciones. Ya podía aprender a tocar como un profesional. El profesor Davis le enseñó a poner la boca en el instrumento. Su excelente estudiante aprendió cómo soplar para obtener sonidos cristalinos y firmes. Louis aprendió a tocar música escrita por compositores europeos famosos antiguos, como Franz Liszt, Johann Sebastian Bach

y Gustav Mahler. En poco tiempo, tocaba tan bien que el profesor Davis lo puso al frente de la banda.

Los niños no podían salir del Hogar, pero sí podían marchar con la banda y tocar en los desfiles municipales. Vestido de uniforme y gorra color crema, Louis marchó por su viejo barrio. Se sentía muy orgulloso de ser el director de la banda. Su mamá y sus viejos amigos estaban en la acera, viéndolos pasar. Ellos también se sentían muy orgullosos. Por lo general, los niños de la banda recibían

dulces de menta y galletas de jengibre como premio. Pero esta vez, la muchedumbre llenó muchos sombreros con dinero. Con eso podrían comprar uniformes e instrumentos nuevos. Años después, Louis escribiría: "Todo mi éxito [musical] surge en esos días en que me arrestaron... Porque tuve que dejar de andar por ahí y aprender a hacer algo. Pero sobre todo, comencé a aprender música.

El juez no había dicho cuánto tiempo debía quedarse en el Hogar de Desamparados. Louis necesitaba una persona blanca importante que lo representara. Que dijera que había cambiado.

Louis raras veces veía a su padre. Pero cuando Louis tenía catorce años, su padre estaba trabajando como supervisor en una planta de solventes. En esa época, era un muy buen trabajo para un afroamericano. Willie Armstrong le pidió a su jefe que apelara la liberación de Louis, y su jefe aceptó. Finalmente, el juez permitió que Louis quedara al cuidado de su padre.

Capítulo 3
A crear música

Louis vivió con su padre, madrastra y hermanastros por un tiempo. Todo lo que había aprendido en el Hogar de Desamparados fue de gran ayuda. Louis limpiaba y cocinaba. Cuando Gertrude, su madrastra, tuvo su tercer hijo, Louis regresó a casa de su madre.

Tenía catorce años y había terminado la escuela. Había llegado hasta quinto grado, sin contar las clases del Hogar de Desamparados. Ya casi era adulto y estaba preparado para mantenerse. Paleaba carbón y repartía leche para la compañía Cloverdale. Un día se cayó de un vagón. El vagón siguió andando y una rueda pasó por encima de su pie, lastimándolo. Louis tuvo que buscar otro trabajo. Trabajó de lavaplatos, demoledor de casas y constructor.

También descargó bananas de un barco hasta que un día, de uno de los racimos que llevaba, saltó una rata. Tiró las bananas al suelo y desde ese día jamás volvió a comer una banana.

Cualquiera que fuera su trabajo, Louis siempre encontraba la manera de tocar música por las noches. Al principio iba a los *honky-tonks*, salones de baile baratos, donde cuidaba los instrumentos de los músicos durante los intervalos. Poco después, los músicos le pidieron a Louis que tocara con ellos. A los dueños de los *honkey-tonks* no les importaba si los músicos eran buenos. Lo único que querían era que tocaran toda la noche por poco dinero.

Pero Louis sí era bueno. En los bares *honky-tonk* tocaba con un trío: corneta, piano y batería. Con ese trío consiguió un trabajo estable en el bar de

un hombre llamado Ponce. Louis tocaba casi toda la noche, se iba a su casa a dormir dos horas y de ahí, a su otro trabajo durante el día. Su madre le preparaba el almuerzo para llevarse, así no tenía que gastar dinero en comida. Louis era un corneta

muy bueno. A la gente le llamaba la atención su manera de tocar. En un libro que escribió sobre su vida, explicó: "Cuando un... músico... 'siente' que la música lo abraza muy fuerte... puede [agarrar]... los ritmos y mezclarlos como quiera, sin perderse".

Al poco tiempo, su antiguo héroe, Joe Oliver, se interesó en él. Joe lo invitó a cenar y le presentó a Stella, su esposa. Le dio consejos sobre digitación, es decir, la forma de poner los dedos en las llaves de la corneta. Y también le dio una corneta. En agradecimiento, Louis hacía todo tipo de quehaceres y mandados para Joe y Stella. Lo empezó a llamar Papa Joe. Más tarde diría: "Siento un gran cariño por Joe Oliver".

El 6 de abril de 1917 ocurrió algo que cambiaría la vida de Louis y la de muchos músicos de jazz de Nueva Orleáns. Estados Unidos había entrado en la Primera Guerra Mundial y, del lado de Francia e Inglaterra, luchaba contra Alemania. En Nueva Orleáns había muchos marinos de EE. UU.

PRIMERA GUERRA MUNDIAL

LA PRIMERA GUERRA MUNDIAL FUE LA PRIMERA GUERRA EN LA QUE PARTICIPARON PAÍSES DE MÁS DE LA MITAD DEL MUNDO. DURÓ DESDE 1914 HASTA 1918 Y TAMBIÉN SE LE CONOCIÓ COMO LA GRAN GUERRA. DE UN LADO ESTABAN ALEMANIA, AUSTRIA-HUNGRÍA, BULGARIA Y TURQUÍA. ERAN LOS PODERES CENTRALES. DEL OTRO LADO ESTABAN FRANCIA, INGLATERRA, ITALIA, RUSIA Y, MÁS TARDE, ESTADOS UNIDOS. ESTE GRUPO, CONOCIDO COMO LOS ALIADOS, GANÓ LA GUERRA.

Nueva Orleáns era un puerto grande con espacio suficiente para entrenar y albergar a los marinos. Como todos los marinos que llegan a una ciudad, los que llegaban a Nueva Orleáns querían disfrutar de la vida nocturna. Iban a bares, *honkey-tonks* y reuniones de músicos. Una noche, un marino fue asesinado.

El gobierno cerró Storyville por completo. Los bares, restaurantes, hoteles y *honky-tonks* ahora eran vistos como una amenaza para los militares de Estados Unidos. ¿Pero qué pasó con los músicos que

tocaban en esos lugares? Muchos se fueron a otra ciudad en busca de trabajo. Hasta Joe Oliver hizo las maletas para irse a Chicago. Louis fue a la estación de tren a despedirlo. Le dijo que era "...una despedida triste... Siento que todo el grupo se está separando". Pero luego se enteró de que había sido elegido para reemplazar a Joe Oliver en la banda de Kid Ory. El mismo Oliver lo había recomendado. "¡Sentí una emoción increíble!", contó, "al saber que me habían elegido para reemplazar ¡a Joe Oliver en la mejor banda de la ciudad! No veía la hora de ir a ver a su madre, Mayann, para contárselo".

En esos días Louis estaba casado con una mujer llamada Daisy Parker. Vivían en un departamento propio de dos habitaciones, en un segundo piso con balcón. Louis estaba viviendo la vida de un músico de jazz de Nueva Orleáns. Conocía todas las canciones que tocaba la banda de Kid Ory. Lo aceptaron inmediatamente. Mientras tocaba con la banda de Kid Ory, también practicaba un baile para realizarlo entre canciones. Lo describía como "una mezcla de tap y payasadas para hacer reír".

Fue en esa época cuando escribió y vendió algunas canciones. Unos de sus primeros éxitos fue "I Wish I Could Shimmy Like My Sister Kate" (Quisiera poder menearme como mi hermana Kate). Vendió los derechos por cincuenta dólares. La canción se hizo tan popular que quienes la compraron, Clarence Williams y Armand Piron, hicieron una fortuna.

Un hombre llamado Fate Marable escuchó a Louis. Marable trabajaba en la línea de barcos de vapor Streckfus y buscaba bandas para tocar en los barcos. Había estado buscando un joven

BARCOS DE VAPOR & JAZZ

A MEDIADOS DEL SIGLO XIX, LOS BARCOS DE VAPOR TRANSPORTABAN CARGA POR RÍOS Y CANALES. PERO DESPUÉS DE LA INAUGURACIÓN DEL FERROCARRIL, LOS BARCOS FLUVIALES DEJARON DE SER EL ÚNICO MEDIO DE TRANSPORTE. POCO A POCO, PASARON A REALIZAR VIAJES DE PLACER, HACIENDO VIAJES CORTOS POR EL RÍO. SE SERVÍA COMIDA Y BEBIDA. Y HABÍA UNA BANDA QUE TOCABA MÚSICA PARA BAILAR. EN LOS MESES DE VERANO, LOS VIAJES ERAN MÁS LARGOS. PARABAN EN CADA PUERTO Y LA MÚSICA ATRAÍA A MÁS GENTE.

afroamericano de Nueva Orleáns que estuviera creando el nuevo y rítmico sonido del jazz. Cuando escuchó a Louis, supo que era la persona que buscaba.

Louis empezó a tocar en barcos que hacían viajes de un día desde el puerto de Nueva Orleáns. En 1920 empezó a tocar en el *Dixie Belle*, que hacía viajes más largos por el río Mississippi. En esos viajes tenía mucho tiempo libre. Aprendió a leer música. Antes, su talento natural le permitía tocar canciones de oído. Pero ahora podía leer las notas impresas en una partitura.

En esa época no había otras orquestas afroamericanas por el Mississippi. En muchos lugares donde paraban, la gente blanca hacía comentarios violentos y desagradables. Los músicos no decían nada. Y cuando empezaban a tocar, los blancos solían callarse y escuchar lo que tocaban.

Al poco tiempo, todos querían escuchar a Louis. En 1921, el director de una banda de Nueva York le pidió que formara parte de ella. Algunos músicos que se habían ido de Nueva Orleáns lograron éxito en el Norte, pero otros tuvieron que enfrentar pobreza y problemas, y regresaron arruinados. Louis decidió que no estaba listo para dejar Nueva Orleáns. No todavía. Y se quedó a tocar con la Banda de Metales Tuxedo, la mejor banda de la ciudad.

Papa Joe Oliver no había olvidado a Louis. Siempre le escribía desde Chicago, pidiéndole que se fuera a tocar con él. Finalmente, en 1922, Louis decidió que ya era hora de probar.

Empacó una máquina de escribir, unos discos, la corneta y algo de ropa. Usaba calzoncillos largos porque Mayann no quería que pasara frío. Ella le preparó un sándwich de pescado para que se lo comiera en el tren, porque los afroamericanos no podían entrar al coche-comedor. Louis Armstrong iba camino a Chicago, camino al gran momento.

LA GRAN MIGRACIÓN

EN 1910 MÁS DEL 80% DE LOS AFROAMERICANOS VIVÍA EN LAS ÁREAS RURALES DEL SUR. CASI TODOS TRABAJABAN EN EL CAMPO, COSECHANDO ALGODÓN. PERO LA GENTE AFROAMERICANA ESTABA CANSADA DE VIVIR BAJO LAS LEYES JIM CROW. EN LAS CIUDADES DEL NORTE HABÍA MEJORES TRABAJOS.

Y ASÍ EMPEZÓ LA GRAN MIGRACIÓN, CON MILES DE FAMILIAS QUE SE IBAN HACIA EL NORTE. DURANTE LA PRIMERA GUERRA MUNDIAL, LOS AFROAMERICANOS HACÍAN EL TRABAJO DE LOS CIUDADANOS BLANCOS QUE AHORA ESTABAN EN EL EJÉRCITO. LOS EMPLEADORES IBAN AL SUR A BUSCAR GENTE PARA TRABAJAR, PERO MUCHOS AFROAMERICANOS SE ENTERABAN DE

LOS TRABAJOS POR LOS PERIÓDICOS, COMO EL *CHICAGO DEFENDER*.

LA GRAN MIGRACIÓN CONTINUÓ HASTA LA DÉCADA DE 1930. LA MAYORÍA DE LOS AFROAMERICANOS IBAN AL NORTE EN TREN, TOMANDO LA RUTA MÁS BARATA Y MÁS DIRECTA. LOS AFROAMERICANOS DE CAROLINA DEL SUR, CAROLINA DEL NORTE Y VIRGINIA SOLÍAN IR A NUEVA YORK, FILADELFIA Y BOSTON. LOS AFROAMERICANOS DE GEORGIA Y ALABAMA OPTABAN POR CLEVELAND, PITTSBURGH Y DETROIT. LOS DE MISSISSIPPI Y LUISIANA DECIDÍAN IRSE A CHICAGO. PARA 1970, SOLO QUEDABA EL 25 POR CIENTO DE AFROAMERICANOS EN LAS ÁREAS RURALES DEL SUR.

Capítulo 4
El rey del jazz

Cuando Louis Armstrong llegó a Chicago, Papa Joe no estaba esperándolo en la estación. Louis había llegado más tarde de lo planeado. Se había quedado en Nueva Orleáns a tocar en un funeral para ganar algo de dinero extra para el viaje.

En Nueva Orleáns era común tocar música en los funerales. Las bandas seguían al féretro hasta el cementerio, tocando música triste. Pero al regresar tocaban música alegre y divertida para recordar que la vida continuaba.

Louis se quedó esperando a Papa Joe en la estación. Después de media hora, se animó a preguntar. Resulta que Papa Joe había estado allí y se había ido. Así que Louis se dirigió a Lincoln Gardens, en la zona sur de Chicago.

Allí tocaba la Banda de Jazz Criollo de Joe Oliver. Los escuchó y luego habló con los músicos de la banda. Sabía que Oliver era un grande del jazz, pero allí oyó que la gente lo llamaba "el rey Oliver".

Joe Oliver llevó a Louis a una pensión en la avenida South Wabash. Era la primera vez que Louis vivía en un lugar con agua corriente. En Nueva Orleáns tenía que ir a una letrina y bañarse en una tina de lata.

Louis se convirtió en el corneta de la banda de King Oliver. La banda era todo un éxito. Joe y Louis improvisaban duetos. En realidad, pocos minutos antes de subir al escenario, Oliver tocaba la canción.

Luego subían al escenario, haciendo variaciones de esa canción. Cada vez la tocaban de manera diferente. Louis tenía el pecho ancho y los labios grandes, lo cual le era útil. Así podía soplar más tiempo y con más fuerza cualquier instrumento de metal, logrando un sonido puro y seguro. Años después, diría: "Me llamaban 'Labios de acero Armstrong' o 'Labios de bronce' porque podía soplar más notas do altas en sucesión que cualquier otro trompetista de swing del mundo... Me gusta llegar tan arriba y mantener esa nota alta y clara".

A la banda llegó una nueva pianista. Se llamaba Lil Harding. Había estudiado música clásica en una universidad de Tennessee. Pero prefería tocar jazz. Ella pensaba que la ropa de Louis era horrible y que su corte de pelo era aun peor. Louis pensaba que era imposible que una mujer con un título universitario se fijara en él. Pero, de todas formas, se enamoraron. Louis se divorció de Daisy y en 1924 se casó con Lil.

Lil creía firmemente en el talento de Louis Armstrong. Incluso pensaba que iba a ser mejor que Papa Joe. Le dijo que si se quedaba en la banda de Oliver jamás llegaría a ser director. Creía que Louis debía irse de Chicago, aunque ella tuviera que quedarse. Entonces, cuando el director de la banda de Nueva York le volvió a pedir a Louis que fuera a esa ciudad, Louis aceptó.

ROSELAND
ZAPATOS
ORQUESTA
HENDERSON
FLETCHER
ORQUESTA
HENDERSON
FLETCHER

Louis ya tenía veintitrés años. Tocaba en la banda en el famoso salón de baile Roseland, en la esquina de Broadway y la Quinta Avenida de Nueva York. Era la primera banda afroamericana en tocar allí. Casi todo el público del Roseland era gente blanca e iba a bailar.

Louis también tocaba en clubes nocturnos de Harlem, un famoso barrio afroamericano de Manhattan donde había muchos clubes de jazz.

BESSIE SMITH

Louis grabó su música con estrellas del jazz y el blues, como Bessie Smith y Ma Rainey. Esas grabaciones se llamaban "grabaciones de la raza", en referencia a sus orígenes afroamericanos, y su audiencia era principalmente afroamericana.

Pero tocar en el Roseland no era el sueño de Louis Armstrong. Muchos de los músicos de la banda no tomaban en serio la música. Subían a tocar borrachos.

MA RAINEY

"Cuando estos gatos empezaron a descuidar la música, a hacerse los tontos toda la noche,

EL BARRIO HARLEM DE MANHATTAN

LOS AFROAMERICANOS DEL JAZZ Y EL BLUES

MUCHOS AFROAMERICANOS CONTRIBUYERON AL CRECIMIENTO DEL JAZZ. ALGUNOS FUERON DIRECTORES DE BANDAS, COMO DUKE ELLINGTON, QUE ERA DIRECTOR Y COMPOSITOR. OTRO DIRECTOR FAMOSO ERA COUNT BASIE, QUE TENÍA SU PROPIA ORQUESTA. EL PIANISTA FLETCHER HENDERSON Y EL SAXOFONISTA DON REDMAN TOCARON EN LAS GRANDES BANDAS POPULARES DESDE LA DÉCADA DEL 20 HASTA LA DÉCADA DEL 40. CHARLIE PARKER FUE OTRO GRAN SAXOFONISTA FAMOSO, ADMIRADO POR SU ORIGINALIDAD Y VELOCIDAD AL TOCAR.

EL JAZZ ES BÁSICAMENTE INSTRUMENTAL, ES DECIR QUE PREVALECEN LOS INSTRUMENTOS SOBRE LA VOZ. SIN EMBARGO, EL JAZZ INFLUENCIÓ A MUCHAS CANTANTES, QUE APLICARON EL ESTILO DE JAZZ EN SU FORMA DE CANTAR. ALGUNAS DE LAS MÁS FAMOSAS FUERON ELLA FITZGERALD, BILLIE HOLIDAY Y SARAH VAUGHAN, TODAS AFROAMERICANAS. ELLA FITZGERALD LLEGÓ A GRABAR CON LOUIS ARMSTRONG.

DUKE ELLINGTON

me harté", contó Louis. En apenas un año se cansó de Nueva York y volvió a Chicago, donde lo esperaba Lil.

Lil pasó a ser la representante de Louis. Ella tocaba en Dreamland Café, de Bill Bottoms, y consiguió que su esposo también tocara allí por setenta y cinco dólares a la semana. En esa época, un viaje en autobús costaba cinco centavos. Una comida en un restaurante podía costar veinticinco centavos. Setenta y cinco dólares era mucho dinero.

Louis y Lil compraron una casa en la zona sur de Chicago. El área se llamaba Bronzeville o Cinturón Afroamericano, por la cantidad de gente afroamericana que vivía allí. Los Armstrong también compraron un auto y un terreno en Lake Idlewild, Michigan.

La carrera de Louis Armstrong se fortalecía. En diciembre de 1925 pasó a formar parte de una orquesta que tocaba música para películas mudas. (En esa época, las películas no tenían sonido; las palabras aparecían escritas en la pantalla, entre escenas.) Antes de la película, la banda tocaba. Y en los descansos, los músicos interpretaban solos.

La sección de metales estaba liderada por Jimmy Tate. Él necesitaba otra trompeta en vez de una corneta; por eso le pidió a Louis que cambiara de instrumento. Anteriormente Louis se había sentido un poco incómodo con la trompeta. Pensaba que era un instrumento sofisticado que pertenecía a las orquestas clásicas. Pero desde que lo empezó a tocar, nunca más lo dejó. Tocó la trompeta por el resto de su vida.

PALABRAS COMUNES DEL JAZZ

LOS MÚSICOS DE JAZZ TIENEN SU PROPIO LENGUAJE. ESTAS SON ALGUNAS DE LAS PALABRAS QUE USAN Y SU SIGNIFICADO:

BALADA: CANCIÓN O COMPOSICIÓN MUSICAL LENTA

BEBOP: ESTILO DE JAZZ CON RITMO IRREGULAR

BLUES: ESTILO DE MÚSICA PARALELA AL JAZZ; CANCIONES SOBRE LA MALA SUERTE Y LOS TIEMPOS DIFÍCILES

GATO: MÚSICO

COOL JAZZ: ESTILO FLUIDO, MUY POPULAR EN LAS DÉCADAS DE 1940 Y 1950

TRASTES: DIVISIONES EN EL DIAPASÓN DE LOS INSTRUMENTOS DE CUERDA, COMO LA GUITARRA O EL BANJO

RAGTIME: MÚSICA DE PIANO MARCADA POR UN RITMO SINCOPADO O DE SALTOS

TOCADA: TRABAJO

RIFFS: FRASES RÍTMICAS QUE SE REPITEN EN EL JAZZ Y EL BLUES

SCAT: TARAREO DE SONIDOS INVENTADOS QUE REEMPLAZAN PALABRAS

SOUL-JAZZ: ESTILO INFLUENCIADO POR LA MÚSICA GOSPEL O RELIGIOSA

SWING: ESTILO DE JAZZ DE RITMO FLUIDO Y FÁCIL DE SEGUIR

En 1926 Louis pasó a formar parte de la Banda de Carroll Dickerson, en el Café Sunset. El cartel, con letras lumínicas, decía: *LOUIS ARMSTRONG, EL MEJOR TROMPETISTA DEL MUNDO*. Más tarde contaría: "Nunca voy a olvidar la sorpresa que recibí cuando vi ese cartel brillante". Estaba clarísimo: ahora, el rey del jazz era Louis Armstrong.

Los músicos blancos oían hablar de Louis e iban a verlo tocar. Querían aprender algo de su técnica. En 1926 empezó a cantar en algunas de sus propias grabaciones. Tenía una voz áspera y grave que se complementaba con el sonido característico que creaba. A todo el público, tanto blancos como afroamericanos, les encantaba.

Cierta vez, Louis estaba grabando uno de sus éxitos, "Heebie Jeebies". En esos tiempos el músico tenía que grabar la canción entera de una sola vez. Si cometía un error no podía parar y empezar de nuevo. Armstrong contó que en la sesión de grabación se le cayó la partitura. Tuvo que seguir cantando, a pesar de que no sabía la letra. Entonces cantó sílabas graciosas y sin sentido. Quedaron grabadas palabras como "bu bop, bi bop, bopi, bubi, bu". Fue un error. Pero al público le gustó cómo sonó.

Ese estilo de música se conoce como *scat*. Algunos músicos dicen que Louis Armstrong lo inventó. El scat fue adoptado por muchos cantantes. Los músicos de jazz lo impusieron y se sigue utilizando hasta hoy. Bing Crosby, un famoso cantante y estrella de cine, escuchó una grabación de Louis

Armstrong haciendo scat y comenzó a usar ese estilo en sus propios discos.

BING CROSBY

En 1927, Mayann, la madre de Louis, fue a visitarlo a Chicago. Fue su última visita. Murió en la casa de su hijo, donde él pudo darle un gran funeral. "Creo que la única vez que lloré en mi vida fue en el funeral de mi madre", recordaría más tarde.

Pero Louis siguió tocando y grabando su música. En aquella época era usual que los músicos afroamericanos también actuaran para entretener al público. Louis empezó a hacer eso. Ponía caras graciosas, revoleaba los ojos y hacía payasadas; con eso conseguía que el público, afroamericano y banco, se relajara y se sintiera cómodo. Pero detrás de esas gracias, Louis se tomaba la música muy en serio. Ponía la música antes que todo lo demás.

Como necesitaba dinero, escribió *Los 50 estribillos indispensables para corneta de Louis Armstrong*, un libro de ejercicios musicales. Aunque en ese momento tocaba la trompeta, sabía mucho sobre la técnica de la corneta, su primer instrumento. De joven había usado libros parecidos al suyo.

En 1929 su banda fue de Chicago a la ciudad de Nueva York. Con lo que le dio la venta del libro, compró un auto y se fue rumbo este, parando en las Cataratas del Niágara y en otros puntos turísticos. Las cámaras de cajón Kodak estaban de moda, y a Louis le encantaban. Desde entonces, Louis no dejó de tomarse fotos con sus amigos.

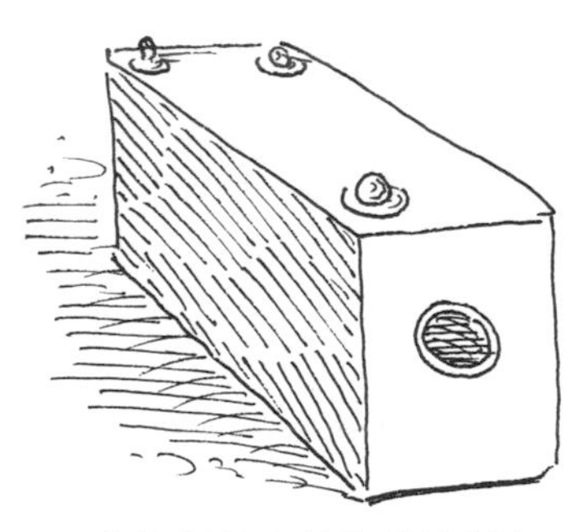
CÁMARA DE CAJÓN
EASTMAN KODAK

CATARATAS DEL NIÁGARA

Al llegar a Nueva York, la banda empezó a tocar en clubes de Harlem y en una de las calles más famosas de la ciudad: Broadway.

Capítulo 5
Épocas buenas y malas

Louis Armstrong había intentado ser el mánager de su propia banda, pero la experiencia no le gustó. Prefería tocar música. La tarea de encontrar lugares y días para tocar era para otra persona. Y para eso eligió a Tommy Rockwell. Rockwell quería que Louis fuera solista. Decía que era un músico increíble y que no necesitaba una banda. Por eso, cuando Louis llegó a Nueva York con su banda, Rockwell se puso furioso, ya que había hecho su trabajo por Louis, no por los demás. Pero Louis no iba a despedir a sus músicos. En cambio les consiguió trabajo tocando en un salón de música afroamericana llamado Audubon.

Y Rockwell le consiguió trabajo a Louis en un espectáculo llamado *Chocolates calientes*, en *Harlem*. Fue un éxito rotundo. La música era de Fats

Waller. Cuando Louis cantaba "Ain't Misbehavin'" (No me estoy portando mal), todo el público enloquecía. Fue una de sus canciones más populares y hasta hoy uno de los clásicos del jazz. *Chocolates calientes* tuvo tanto éxito que se empezó a presentar en el Teatro Hudson de Broadway.

FATS WALLER

Durante la década de 1930, Louis Armstrong hizo muchas giras por todo el país. Era la época de la Gran Depresión. La bolsa había caído en 1929 y la economía estaba destruida. Millones de personas perdieron su trabajo, su casa y sus ahorros.

La música animaba a la gente y les despejaba la mente.

¿LAS GRANDES BANDAS VS. LAS BANDAS DE JAZZ?

ENTRE LAS DÉCADAS DE 1920 Y 1940, EN ESTADOS UNIDOS ERAN POPULARES LAS GRANDES BANDAS. MIENTRAS QUE LAS BANDAS DE JAZZ ERAN RELATIVAMENTE PEQUEÑAS, CON APROXIMADAMENTE DIEZ MÚSICOS, LAS GRANDES BANDAS ERAN... ¡MUY GRANDES! SOLÍAN TENER VEINTE MÚSICOS Y CASI SIEMPRE UN CANTANTE. TOCABAN PIEZAS MUSICALES PREPARADAS. NO IMPROVISABAN COMO LO HACÍAN LAS BANDAS DE JAZZ. ESO SE DEBÍA EN PARTE AL CRECIMIENTO DE LAS COMPAÑÍAS DISCOGRÁFICAS Y LOS PROGRAMAS DE RADIO. LAS CANCIONES NO PODÍAN TENER DIFERENTE DURACIÓN CADA VEZ QUE SE PONÍAN POR LA RADIO; DEBÍAN TERMINAR EN UN TIEMPO ESPECÍFICO. PERO LAS GRANDES BANDAS EMPEZARON A DESAPARECER AL TERMINAR LA SEGUNDA GUERRA MUNDIAL.

HOLLYWOOD

Las grandes bandas estaban en un gran momento y llamaban a Louis Armstrong para que fuera su solista. En una gira, Louis fue a Hollywood, California, donde se hacían muchas películas y donde vivían muchas estrellas de cine. Louis se vestía mejor y usaba corbata a la francesa, con nudo grande. Los hombres empezaron a copiarlo y a usar el "nudo al estilo Louis Armstrong".

Louis Armstrong se quedó en Hollywood casi un año, grabando discos y participando en

programas de radio. Las películas con sonido habían reemplazado a las mudas de la década del 20. Los directores buscaban personas con voces interesantes y diferentes. La voz áspera de Louis era lo que buscaban.

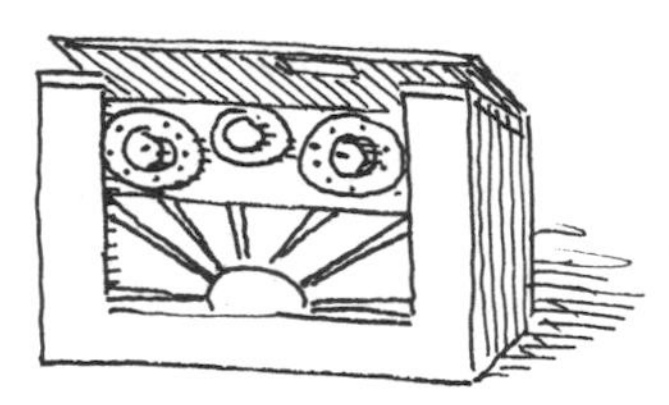

En esa época había muy pocos papeles para actores afroamericanos. Tenían que hacer de sirvientes o de leales caballeros de compañía. Un hombre afroamericano no podía ser la estrella principal. Pero cuando Louis trabajaba en una película, se escribían guiones especialmente para él, para que pudiera demostrar su forma de cantar y de tocar

la trompeta. También se tenía en cuenta su gracia natural y su personalidad chispeante. A Louis le gustaba entretener a la gente, por eso aceptaba los papeles que le ofrecían, aunque el diálogo a veces fuera algo ridículo. Años más tarde recibiría críticas por aceptar esos papeles. Se dijo que ridiculizaban a la gente afroamericana.

En 1931, Louis volvió a Chicago. Su relación con Lil no andaba bien. No eran felices, y terminaron divorciándose.

Cuando volvió a tocar, Armstrong encontró a un nuevo mánager, un hombre blanco llamado Johnny Collins. También contrató un chofer de autobús blanco. Las bandas afroamericanas debían

tener hombres blancos como protección. De otro modo, un autobús lleno de afroamericanos podría sufrir ataques o podrían terminar todos en la cárcel.

La banda de Louis tocó por todo el Sur. Esto no era algo fácil en esos años. Cuando llegaban a una ciudad, no podían ir a un hotel para blancos y debían ir a los barrios afroamericanos. Lo mismo ocurría en los restaurantes. Muchos no servían comida a la gente afroamericana. Y había lugares con baños "exclusivos para blancos". Louis y su banda recibían muchos insultos.

Pero cuando paró en Nueva Orleáns, su ciudad natal, fue recibido como un héroe. En la estación de tren lo esperaron bandas de metales que tocaron para darle la bienvenida. En la multitud había afroamericanos y blancos. Sus admiradores desfilaban con él por toda la ciudad.

Louis era tan popular que había una marca de cigarros con su nombre. Se llamaban Louis Armstrong Special. Un equipo de béisbol de la ciudad cambió su nombre a Armstrong's Secret Nine. Louis accedió a ser su patrocinador y puso el dinero para los uniformes.

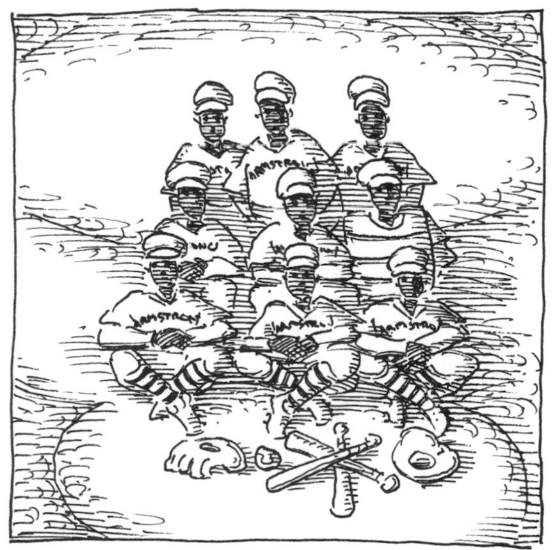

ARMSTRONG'S SECRET NINE

La banda iba a dar muchos conciertos en Suburban Gardens. Los amigos y vecinos de Louis no pudieron entrar al primer concierto porque estaba lleno de blancos. Los afroamericanos debían esperar afuera. Si tenían suerte, podían escuchar la música por alguna ventana abierta.

Los conciertos también se iban a transmitir por la radio. La primera noche, el presentador, que era blanco, no quiso presentar a una banda afroamericana, y se bajó del escenario. ¿Qué pasó entonces? Louis Armstrong subió al escenario. Le dijo a su banda que tocara un acorde largo mientras él caminaba por el escenario. Todos aplaudieron y celebraron. Louis luego le pidió al público que hiciera silencio y comenzó su espectáculo. Al presentador lo despidieron.

Durante tres meses, Louis hizo su propia presentación. Quiso ofrecer un concierto especial para todos los afroamericanos de Nueva Orleáns. Pero cuando salió a tocar, se dio cuenta de que la policía los había echado a todos. Continuamente, Louis veía el racismo de los blancos hacia los músicos afroamericanos, aunque fueran muy talentosos.

Cierta vez fue a tocar en el Teatro Royal de Baltimore, Maryland. El teatro estaba en un barrio pobre. Muchos de los vecinos ni siquiera podían comprar carbón para calentar su casa. Entonces

Louis fue a un depósito de carbón y encargó una tonelada (dos mil libras) de carbón. Pidió que la llevaran al hall del Teatro Royal. La gente que necesitaba carbón, fueran afroamericanos o blancos, podía llevárselo.

En 1932, Louis hizo su primer viaje a Inglaterra. Allí, acortaron su sobrenombre, "Satchelmouth".

A partir de entonces lo comenzaron a llamar "Satchmo". Los auditorios donde tocaba se llenaban de gente. Él usaba su pañuelo blanco característico para secarse la cara y darle indicaciones a la banda.

En noviembre de ese año volvió a Estados Unidos con los labios lastimados. Era hora de tomar un descanso. Pero Collins seguía consiguiéndole trabajo. También bebía mucho y se quedaba con el dinero de Louis.

Los labios de Louis empeoraron y tuvo que dejar de tocar hasta curarse. Fue entonces cuando se dio cuenta de que Collins no pagaba las cuentas ni le enviaba dinero a Lil. Por eso lo despidió, y en 1934 se tomó unas largas vacaciones. Mientras se curaba de los labios viajó a París, Francia, una ciudad en donde no había tantos prejuicios como en Estados Unidos.

TORRE EIFFEL

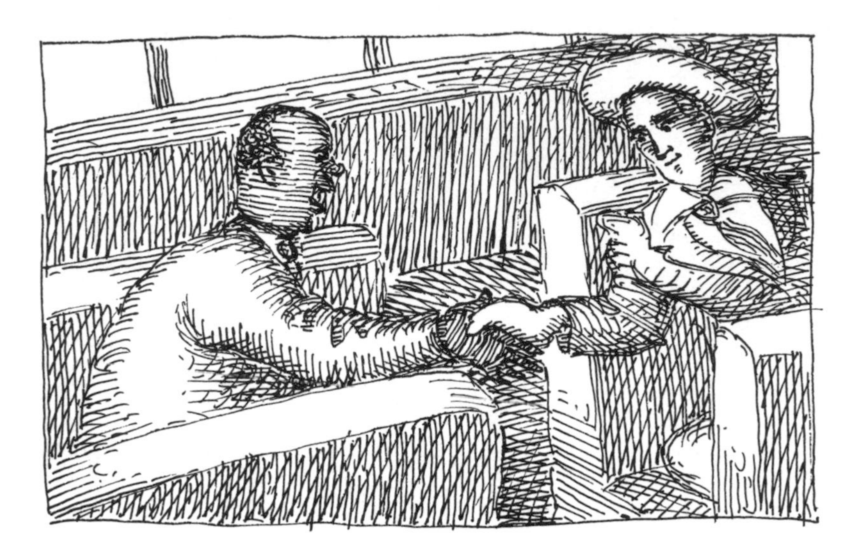

Regresó en enero de 1935 y escogió como nuevo mánager a Joe Glaser, un viejo amigo. Glaser había estado encargado del Café Sunset, en Chicago. Louis seguiría junto a su amigo por el resto de su vida. A diferencia de muchos blancos de aquel tiempo, Glaser viajaba en el autobús *con* Louis y su banda, y no en un auto separado.

Cuando se le curaron los labios, Armstrong estaba ya ansioso por volver a tocar en vivo. En una entrevista a una revista, dijo: "Mis partes carnosas ya están bien... y no veo la hora de volver al *swing*.

En Europa me dieron una trompeta nueva y conseguí una boquilla más chica que la que tenía... Ya descansé y me muero por volver a tocar".

Y también estaba ansioso por hacer algo más. Desde que se había ido de Nueva Orleáns, llevaba consigo una máquina de escribir. Le gustaba escribir sobre su niñez, sus inicios en la música, sus viajes, la gente que conocía y la música que tocaba.

En 1936 publicó su primer libro, *Swing That Music* (Ponle swing a la música). Era la primera autobiografía escrita por un músico de jazz.

En el año 1937, Louis hizo otra cosa por primera vez. Reemplazó a su amigo, la estrella de cine Rudy Vallee, en un popular programa de radio. Era la primera vez que un afroamericano conducía un programa nacional de radio, lo cual les abrió la puerta a otros músicos de color del país.

RUDY VALLEE

En 1938, en la película *Going places* (Todo marcha bien), Louis Armstrong le cantó la canción "Jeepers Creepers" a un caballo. En la escena, el caballo está descontrolado hasta que Louis le canta y lo calma. Por esa actuación, a Louis lo nominaron para un premio Óscar.

Capítulo 6
Una cuestión de color

En diciembre de 1941, Estados Unidos entró en la Segunda Guerra Mundial. Sus soldados lucharon en Europa contra Alemania e Italia, y en el Pacífico Sur contra Japón. Louis Armstrong viajó hasta el otro lado del mar para entretener a los soldados estadounidenses. Al tocar en las bases militares de Europa y Asia, también llevaba el sonido del jazz a

través de los océanos Atlántico y Pacífico.

En 1942 Louis se volvió a casar. Lucille Wilson era la esposa perfecta para él. Aunque había estudiado música, no era música profesional. En cambio se dedicó a hacer feliz a su esposo. Cuando Louis terminó su gira de 1943 y volvió a Nueva York, Lucille le pidió que

CASA DE ARMSTRONG, QUEENS, NY

se encontraran en el número 34-56 de la calle 107 en Corona, un barrio de Queens. Él llegó, pero no la veía. Llamó a la puerta. Lucille abrió y le dijo: “Bienvenido a casa, querido”.

La casa estaba amueblada. Y le esperaba una comida recién hecha. La casa de Corona era como él siempre había soñado. Lucille y Louis vivieron allí el resto de su vida.

En 1945 terminó la guerra. Y también terminó la popularidad de las grandes bandas. Louis armó una banda pequeña llamada “Louis Armstrong y

LOS TODOS ESTRELLAS

SESIÓN IMPROVISADA MULTICULTURAL
TEATRO PARAMOUNT, NUEVA YORK

sus todos estrellas". Allí tocaban músicos afroamericanos y blancos. Aún faltaba mucho para que terminara la segregación, pero Louis ya estaba trabajando en una banda multicultural: blancos y afroamericanos juntos. Él sabía que el color de la piel no importaba. Lo importante era la música y cómo se la tocaba. Los todos estrellas tocaron por todo Estados Unidos y Europa.

El 21 de febrero de 1949, la revista *TIME* salió con Louis Armstrong en la portada. Aparecía retratado como el Rey del Jazz, con una corona de cornetas dibujada, en referencia a su primer instrumento. También fue coronado rey del Carnaval de Nueva Orleáns. El alcalde le entregó la llave de la ciudad. Fue recibido como un héroe de la ciudad.

En la década de 1950 siguió tocando con sus Todos estrellas. Y aunque el *rock and roll* se había

puesto de moda, la gente quería seguir escuchando a Armstrong.

El país estaba cambiando en muchos aspectos. El movimiento por los Derechos Civiles comenzaba a desafiar las viejas leyes. Los afroamericanos querían igualdad de oportunidades para la vivienda, la educación y el trabajo. Poco a poco, la vida de la gente empezó a cambiar, especialmente, en el Sur.

Mucha gente afroamericana pensaba que Louis los había traicionado porque él no había participado activamente en la lucha por la igualdad. Hasta lo llamaban Tío Tom, por el personaje de la famosa

novela del siglo XIX, *La cabaña del tío Tom*. En este libro, el tío Tom nunca se enfrenta a su amo blanco y siempre intenta agradarle con su obediencia.

Pero decirle a un afroamericano "tío Tom" era un insulto. Louis Armstrong se sintió lastimado y sorprendido. "¿Cómo pueden decir eso?", escribió. "Fui uno de los primeros en romper la barrera del color en muchos estados del Sur... Sin tener culpa alguna, por casi cuarenta años he sido víctima de muchos abusos mientras contribuía con el jazz, incluso en lugares bastante peligrosos".

En 1956, él y Lucille viajaron a África por primera vez. Louis quería visitar la tierra de sus ancestros, en la colonia Costa de Oro (actualmente

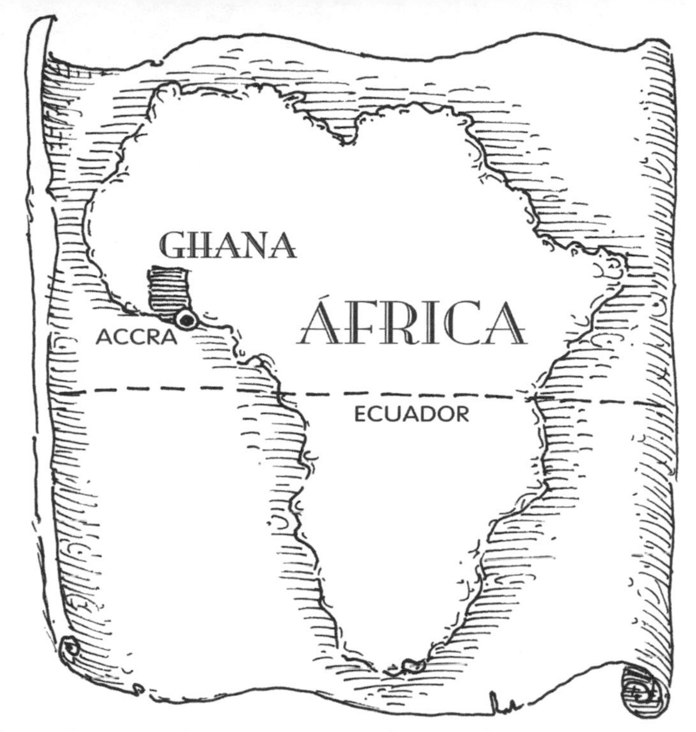

Ghana). En el aeropuerto lo recibieron sus admiradores. Los hombres de las tribus lo cargaron en una silla de mano, como era su costumbre. Más de

cien mil personas asistieron al concierto de Louis, y él agradeció la cálida bienvenida. Eso lo ayudó a olvidar los insultos recibidos en Estados Unidos.

En 1957, el gobernador de Arkansas intentó evitar que unos estudiantes fueran los primeros afroamericanos en entrar a una escuela de blancos. Y Louis Armstrong habló. Hizo su primer discurso público sobre racismo y derechos civiles. "Está muy mal que un hombre de color no pertenezca a ningún país", le dijo a un reportero. Y agregó que el gobernador de Arkansas era "un campesino sin estudios". Louis Armstrong estaba combatiendo el racismo a su manera.

Capítulo 7
Hola y adiós

Durante las décadas de 1950 y 1960, Armstrong continuó tocando y grabando discos, aunque se decía que sus años más creativos ya habían pasado. Igual siguió haciendo giras por Nigeria, África Central, Ghana y Kenia. También fue a países segregados, como Rhodesia, una colonia británica, actualmente Zimbabwe y Zambia.

En 1963 grabó la canción "Hello, Dolly!" (¡Hola, Dolly!), que en 1964 fue un gran éxito, superando

en popularidad a "She Loves You" (Ella te ama), de Los Beatles. El 15 de abril de 1966, Louis Armstrong apareció en la portada de la revista *LIFE*. En 1967 logró otro éxito con la canción "What a Wonderful World" (Qué mundo tan maravilloso).

Desafortunadamente, Louis Armstrong no andaba muy bien de salud. En septiembre de 1968 sufrió un infarto. Salió del hospital muy débil. También estaba muy afectado por la muerte de Joe Glaser, su mánager.

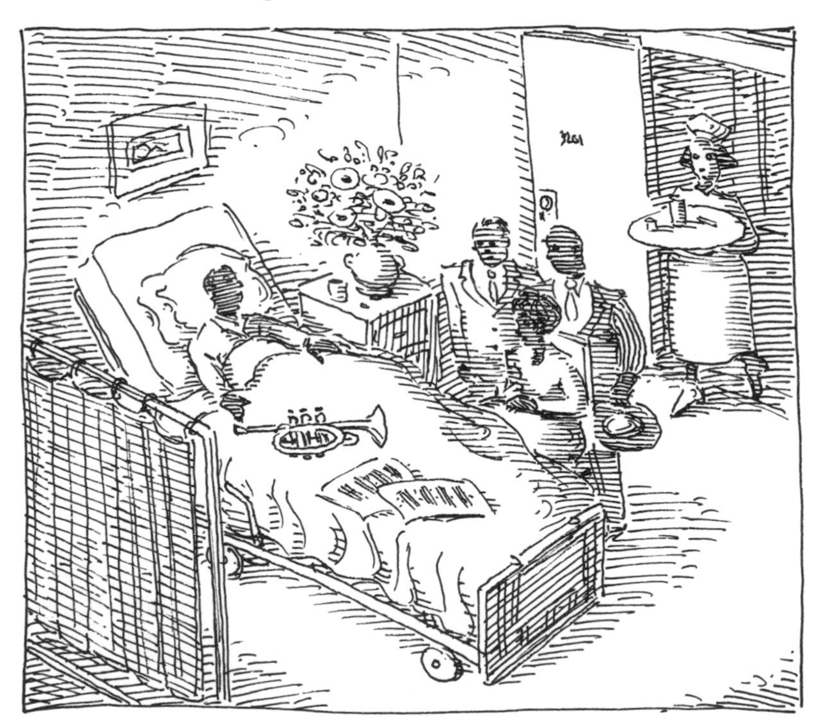

LOUIS Y BARBRA

La última película que filmó fuc *Hello, Dolly!*, que salió en 1969. En ella, Armstrong aparece con la actriz y cantante Barbra Streisand. Poco después ya estaba listo para tocar por dos semanas en el Hotel Waldorf Astoria, en la ciudad de Nueva York. El médico le advirtió que era peligroso para su salud. Y Louis le dijo: "Doc, usted no entiende. Mi vida, mi alma y mi espíritu... es soplar esa trompeta. Tengo que hacerlo". Y tocó en el Waldorf, aunque quedó agotado. Terminó internado en el hospital

dos meses. El 5 de julio habló de comenzar a ensayar para otra gira. Pero al día siguiente, el 6 de julio de 1971, Louis Armstrong murió tranquilamente mientras dormía junto a Lucille.

Louis Armstrong logró tener una carrera completa e intensa. Grabó canciones exitosas durante casi cincuenta años y su música se sigue escuchando en la radio, en la televisión y en películas.

Aunque nunca fue a la escuela secundaria, escribió dos autobiografías, más de diez artículos de revista, cientos de páginas con sus memorias y miles de cartas. Compuso docenas de canciones que se convirtieron en clásicos del jazz, y tocó en vivo a un promedio de trescientos conciertos por año, por todo el mundo. También fue talentoso como actor. Trabajó en más de treinta películas.

Cuando murió fue homenajeado como un verdadero héroe. El presidente Richard Nixon dijo que "era un espíritu libre e individual, y un artista de fama mundial". Y ordenó que velaran el cuerpo de

Louis Armstrong en el Arsenal del Séptimo Regimiento, ubicado en la avenida Park y la calle 66, en la ciudad de Nueva York. Veinticinco mil personas fueron allí para despedirlo.

La alegría que Louis Armstrong sentía cuando tocaba la trompeta era intensa y constante, y no dejó lugar a dudas. Compartió esa alegría con su público. Su espíritu vive a través de los músicos de jazz que vinieron después, y a través de la hermosa música que creó.

LÍNEA CRONOLÓGICA DE LA VIDA DE LOUIS ARMSTRONG

1901 —Louis Armstrong nace en Nueva Orleáns, Luisiana.
1903 —Nace Beatrice, la hermana de Louis.
1913 —Lo envían al Hogar de Desamparados de Color.
1914 —Comienza su carrera musical.
1916 —Conoce a Joe Oliver.
1918 —Reemplaza a Oliver en la banda de Kid Ory.
Se casa con Daisy Parker.
1919 —Trabaja en barcos fluviales para Fate Marable.
1922 —Viaja a Chicago para tocar en la Banda de Jazz Criollo de Joe Oliver.
1923 —Graba sus primeros discos.
1924 —Se casa con Lillian Harding.
Se muda a la ciudad de Nueva York.
1925 —Vuelve a Chicago.
Empieza a tocar la trompeta.
1927 —Muere su madre, Mayann, en Chicago.
1929 —Actúa en la obra de Broadway *Chocolates calientes*. Comienza a tocar en las grandes bandas.
1931 —Vuelve a Nueva Orleáns para tocar.
1935 —Joe Glaser se convierte en su nuevo mánager.
1936 —Publica *Swing That Music*, su primera autobiografía.
1938 —Se casa con Alpha Smith.
1942 —Se casa con Lucille Watson.
1943 —Se muda a Corona, Queens, en la ciudad de Nueva York.
1949 —La revista *TIME* lo nombra "Rey del Jazz".
1954 —Publica *Satchmo, mi vida en Nueva Orleáns*, su segunda autobiografía.
1960 —Realiza una gira por África.
1964 —"Hello, Dolly!" alcanza el primer puesto de audiencia.
1968 —"What a Wonderful World" se convierte en un éxito mundial.
1971 —Louis Armstrong muere el 6 de julio.

LÍNEA CRONOLÓGICA DEL MUNDO

Comienza la Primera Guerra Mundial.	1914
Termina la Primera Guerra Mundial.	1918
La 19.ª Enmienda permite el voto femenino.	1920
Se inventa la goma de mascar.	1928
Colapsa la bolsa de valores; empieza la Gran Depresión.	1929
Franklin Delano Roosevelt es elegido presidente.	1932
Comienza la Segunda Guerra Mundial en Europa; se estrena *El Mago de Oz* en Estados Unidos.	1939
Estados Unidos entra en la Segunda Guerra Mundial.	1941
Termina la Segunda Guerra Mundial.	1945
Comienza el movimiento por los Derechos Civiles cuando Rosa Parks se rehúsa a ceder su asiento a un hombre blanco en un autobús de Alabama.	1955
La compañía Mattel presenta la primera muñeca Barbie.	1959
John F. Kennedy es elegido presidente.	1960
Más de 250,000 manifestantes hacen una marcha pacífica hasta el Monumento a Lincoln, en Washington, DC, donde Martin Luther King, Jr. pronuncia su famoso discurso "Tengo un sueño".	1963
Los Beatles debutan en el *Show de Ed Sullivan*.	1964
Richard M. Nixon es elegido presidente.	1968
Neil Armstrong se convierte en el primer hombre en pisar la Luna.	1969
Se celebra el primer Día de la Tierra.	1970
La 26.ª Enmienda concede a las personas de dieciocho años el derecho al voto.	1971

NOTA DEL AUTOR

No todos los datos sobre la vida de Louis Armstrong son precisos. Lo mismo ocurrió con muchos afroamericanos que nacieron a principios del siglo XX. Louis Armstrong no tenía partida de nacimiento y no sabía exactamente qué día había nacido. Averiguó todo lo que pudo sobre su niñez y básicamente inventó el resto. A medida que pasaban los años, su recuento de los hechos cambiaba. Usé las fuentes que consideré más precisas a la hora de escribir este libro.

Colección ¿Qué fue...? / ¿Qué es...?

El Álamo
La batalla de Gettysburg
El Día D
La Estatua de la Libertad
La expedición de Lewis y Clark
La Fiebre del Oro
La Gran Depresión
La isla Ellis
La Marcha de Washington
El Motín del Té
Pearl Harbor
Pompeya
El Primer Día de Acción de Gracias
El Tren Clandestino

Colección ¿Quién fue...? / ¿Quién es...?

Albert Einstein
Alexander Graham Bell
Amelia Earhart
Ana Frank
Benjamín Franklin
Betsy Ross
Fernando de Magallanes
Franklin Roosevelt
Harriet Beecher Stowe
Harriet Tubman
Harry Houdini
Los hermanos Wright
Louis Armstrong
La Madre Teresa
Malala Yousafzai
María Antonieta
Marie Curie
Mark Twain
Nelson Mandela
Paul Revere
El rey Tut
Robert E. Lee
Roberto Clemente
Rosa Parks
Tomás Jefferson
Woodrow Wilson